AF409108

EL ABC DEL STORYTELLING

Aprende a comunicar historias inolvidables
sobre tu marca, producto y servicios

DANIEL COLOMBO

EL ABC DEL STORYTELLING

Aprende a comunicar historias inolvidables
sobre tu marca, producto y servicios

Editorial Autores de Argentina

Colombo, Daniel

El ABC del Storytelling / Daniel Colombo. - 1a ed . - Ciudad Autónoma de Buenos Aires : Autores de Argentina, 2019.

100 p. ; 20 x 15 cm.

ISBN 978-987-87-0045-8

1. Éxito Profesional. 2. Autoayuda. I. Título.
CDD 650.1

© ® Daniel Colombo
www.danielcolombo.com

EDITORIAL AUTORES DE ARGENTINA
www.autoresdeargentina.com
Mail: info@autoresdeargentina.com
Diseño de portada: Justo Echeverría

Queda hecho el depósito que establece la LEY 11.723
Impreso en Argentina – *Printed in Argentina*

ÍNDICE

"Innumerables son los relatos del mundo"

ROLAND BARTHES

PRÓLOGO

A todos nos gusta que nos cuenten historias. No pocas veces hemos estado caminando por la calle o sentados en un café y nos quedamos enganchados con la narración de una experiencia que hacía alguien cerca de nosotros. Va más allá de la indiscreción o de las ganas de *escuchar lo que no nos importa*, creo que más bien se trata de un rezago atávico que nos lleva a interesarnos por un relato bien contado. Por algo nuestra especie se ha empeñado en dejar registro de todo lo que hace… recordemos, por ejemplo, a nuestros ancestros de las cuevas de Altamira, en Cantabria (España) y en tantos rincones del mundo donde hay pinturas rupestres y otras huellas que permiten imaginar una historia del pasado; por eso siempre habrá alguien dispuesto a dejarse atrapar por un gran relato.

No son pocos los casos que pudiéramos encontrar para ejemplificar el uso de la narración con un objetivo más allá del de simplemente *echar el cuento*. La historia de Scherezade en *Las mil y una noches* es perfecto. Esta recién desposada utilizó su capacidad narrativa para salvar su vida al cautivar con sus historias a quien la ejecutaría.

En inglés el término utilizado para señalar este arte de contar cuentos es *Storytelling*. No es una palabra nueva, aunque a muchos le parezca así. El *Storytelling* es tan antiguo como el hombre mismo. Quizá el uso que se le ha dado a esta palabra en esta era digital es lo que ha hecho que creamos que es otra de las novedades de nuestros tiempos.

Donde más encontramos actualmente las referencias a esta técnica de comunicación es en redes y medios digitales, mayormente en informaciones ligadas al mundo del *marketing*, la publicidad, etc. Aunque como verás en las páginas que siguen, el *Storytelling* es una técnica aplicable a muchos escenarios en los que la comunicación efectiva es necesaria.

En el mundo en el que vivimos estamos sobrepasados con cantidades enormes de información que nos llegan de todas partes: historias de Instagram, estados de redes sociales, datos de investigaciones, recomendaciones, artículos, noticias… El receptor, abrumado, deja de leer o escuchar a los pocos segundos aquello que no lo impacta de entrada, y pasa a la siguiente información. Por ello, quienes de una u otra manera tenemos en nuestras manos la producción de esa información, necesitamos hacerlo de mantera de enganchar a ese receptor y hacer que escuche o lea todo lo que tenemos que decirle, para obtener como resultado una conducta determinada.

No importa si te comunicas para buscar un empleo, para lograr conversiones con una publicación en redes sociales o para hacer una presentación ante la junta directiva de tu empresa. La idea es lograr tu objetivo con tu manera de comunicar. Por ello hay que hacerlo de la mejor forma posible, y para eso usamos la técnica del *Storytelling*.

Sobre esta técnica aprenderás en las páginas que siguen. Desde conocer decenas de tips y consejos de qué habla toda la gente que resalta la importancia del *Storytelling*, hasta algunos tips y consejos para que tus mensajes tengan los ingredientes necesarios para que logres, "como Scherezade", cautivar al público al que te dirijas y alcanzar el objetivo que te has planteado.

Gracias por leer. Gracias por animarte a contar tus historias al mundo, para inspirarlos, motivarlos e invitarlos a liderar sus vidas y proyectos de todo tipo.

Daniel Colombo

¿QUÉ ES EL *STORYTELLING*?

La comunicación se transforma, y también los códigos para llegar mejor a los distintos públicos con sus novedades, presentaciones, argumentos de venta, y relatos corporativos. Las palabras repetidas hasta el cansancio pierden efecto. Los términos rimbombantes, aburren. El chip que usan muchos para hablar en automático, desconecta la atención.

Hoy no es suficiente con saber hablar en público: es necesario impactar con emoción, generar el interés en tu *target* y captar la atención en medio de la sobreabundancia de mensajes y estímulos. El *Storytelling* es una de las herramientas más eficaces para lograrlo. Pero ¿de qué se trata esto del *Storytelling*?

El contar historias nació casi con el surgimiento del hombre. De eso se trata el *Storytelling*: de hallar la forma adecuada para narrar una buena historia. El relator es el *storyteller*, un "cuentacuentos" en el buen sentido de la palabra, que inspira, motiva y mueve a la acción a ese público que, se espera, le siga atentamente.

La intención es generar una alta pregnancia a través de una historia poderosa, diferente y sorprendente, donde, en su desarrollo, puedas insertar tu tema y cautivar a las personas.

En la antigüedad, los ciudadanos se reunían frente a los filósofos y relatores de la época para escuchar sus tradiciones orales. De niños, nosotros mismos nos quedábamos atrapados por cuentos e historietas, aventuras y finales inesperados. La publicidad, el *marketing*, el cine y las series utilizan esta herramienta desde siempre; por eso hay piezas de comunicación magistrales que se recuerdan muchos años después, y otras que quedan en el olvido con suma facilidad.

Puedes ser el sabio más erudito del mundo o el mayor especialista en un tema: si no lo sabes comunicar y llegar al corazón, todo tu contenido pasará desapercibido. El *Storytelling* te lleva a ser un transmisor de mensajes y conocimiento que trasciende el tiempo y genera impacto positivo y superador en quienes los reciben.

El *Storytelling* es una herramienta de comunicación que permite que el emisor del mensaje comunique sus contenidos e ideas en forma potenciada. Le añade a sus mensajes ese atractivo que hará que el que lo reciba se conecte y vaya a la acción. Por eso es de uso habitual en *marketing*, publicidad y relaciones públicas. También forma parte de la oratoria, donde se necesita ir más allá de transmitir lo que se quiera decir: hace falta emocionar al público. Exactamente lo mismo que necesitas lograr en tus presentaciones.

> **El *Storytelling* establece engranajes narrativos según los cuales son los individuos conducidos a identificarse con unos modelos y conformarse con unos protocolos".**
>
> **CHRISTIAN SALMON**

El *Storytelling* es de aplicación múltiple, ya que lo puedes lograr ante el público como orador o vocero, en un video, escribiendo una pieza de comunicación, hablando en un medio de comunicación o frente a tu equipo: siempre es una buena ocasión para contar una gran historia (que no es lo mismo que meter un cuento).

El *Storytelling* es una excelente estrategia para comunicar en forma cercana, ya que permite la identificación del otro con la historia que presentas. A la vez, se genera un círculo virtuoso de calidad en el contenido, alimentada por la cuerda emocional que promueve la empatía, la reflexión y el hacerse preguntas. Esta herramienta narrativa permite aumentar la recordación del mensaje central hasta un 55 % más que cualquier presentación convencional.

Si, además, propones respuestas claras, concretas y tangibles a los problemas del público, ya tendrás el camino prácticamente construido. Tu mensaje fluirá de manera apropiada para generar impacto en diferentes niveles de percepción.

Preguntas básicas en el *Storytelling*

Las historias en primera persona, los secretos, los aprendizajes, anécdotas poderosas, relatos inspiracionales, experiencias desafiantes (y cómo lo resolviste) y formular preguntas que invitan a la reflexión del público, son algunos de los múltiples caminos para crear un *Storytelling* de impacto.

Para diseñar tu presentación con *Storytelling* puedes dibujar una línea de tiempo en una hoja, marcando los tres momentos (inicio/nudo/final), y desprende de cada uno las ideas sueltas que vienen a tu cabeza. Luego, las depuras, las priorizas, sintetizas, y tendrás dos o tres palabras en cada tramo, a partir de las que podrás estructurar tus ideas para presentar en público.

A continuación encontrarás un modelo sencillo con tres preguntas para empezar a salir de la caja y pensar tus presentaciones en forma distinta. También puedes aplicarlo en piezas de comunicación escrita, un video institucional, tus redes sociales y cualquier otra forma de vinculación de tu mensaje y los públicos a conquistar.

¿Qué?

Es el interrogante que le da sentido a tu acción de comunicación. Abre puertas en la mente y el corazón de tu público, para que puedas conectar con ellos y que capten mejor la esencia de tu mensaje. Focalízate en una o dos ideas claves; sé breve y sintetiza conceptos potentes. Lo demás será parte del desarrollo, para justificar este *qué* inicial.

¿Para qué?

En esta pregunta te enfocarás en el sentido práctico y tangible de lo que presentas. En el *para qué* concentrarás los atributos, las ventajas y beneficios de tu propuesta, y empezarás a potenciar y hacer crecer tus mensajes claves; esas dos o tres ideas cortas que quieres que el público recuerde cuando hayas terminado.

¿Cómo?

Esta pregunta poderosa aplicada al *Storytelling* es la que construirá un puente entre lo que tienes para decir y la utilidad de lo que expones, para llegar finalmente a la forma en que la gente puede llevar tu propuesta a la práctica. El *cómo* permite que cada persona llene de sentido lo que estás transmitiendo; facilita el proceso de resignificación dentro de su parte racional y en lo emocional, que es el espacio donde se genera el impacto de mayor recordación.

¿CÓMO ME CONVIERTO EN UN BUEN *STORYTELLER*?

Para ser un excelente *storyteller* debes aprender a diseñar un *Storytelling* de impacto. Para ello, es necesario entrenarse, al igual que en cualquier situación de oratoria, y en la vida en general cuando quieres adquirir una destreza determinada. Desde un breve discurso, unas palabras en un acto, una conferencia magistral o un video institucional, el vocero es el transmisor del pensar y sentir del proyecto que representa.

Recuerda que se necesita combinar elementos de la propuesta gestual (comunicación no verbal, el 55 % de lo que transmites), tu tono de voz (38 %) y las palabras (apenas el 7 % del total del acto de comunicación).

> ¿Cuál es tu historia? ¿Quién eres? ¿De dónde eres? ¿Qué quieres? Cuando buscas influenciar a otros, encaras estas preguntas y más. Sea que estés proponiendo una nueva aventura riesgosa, tratando de cerrar una venta o liderando una protesta contra alguna injusticia, tienes una historia que contar. Cuéntala bien y crearás una experiencia compartida con tu público que puede tener profundos y duraderos resultados".

ANNETTE SIMMONS

Muchos piensan que por ser muy bueno conversando, por ejemplo las personas que se dedican a ventas, no hace falta seguir preparándose. Y aquí estriba el principal obstáculo: la automatización de argumentos no funciona en el mundo actual; ya pasó de moda y es prácticamente imposible que la gente te regale su atención.

Técnicas sencillas para comenzar a entrenarte como storyteller

La práctica lleva a la excelencia. La perfección no existe en este plano físico. Para destacarte en el uso del *Storytelling* es recomendable preparar, ensayar y realizar las presentaciones en público pensando en ellas como si fuesen una película, con un muy buen comienzo y final, y un nudo atrapante. Comienza a entrenarte tomando en cuenta estas técnicas al diseñar tus presentaciones con *Storytelling*.

Línea de tiempo. Toda presentación necesita un muy buen inicio, un desarrollo interesante, y un final impactante. Utiliza la secuencia ayer-hoy-mañana como una de las tantas formas de hilvanar tu mensaje. Apodérate del contenido. Debes elegir tres mensajes claves fuertes y contundentes, breves y tangibles, para que la gente recuerde y les queden grabados.

Pensamiento cinematográfico. Un elemento central del *Storytelling* es el conflicto o el dilema. La vida se compone de estas mismas piezas, y toda buena historia encierra una buena dosis. ¿Qué pasó? ¿Cómo se llegó a esto?, y, lo más importante, ¿cómo fue resuelto y cuál es la propuesta de valor?

Cuando creas una presentación con estas bases del lenguaje audiovisual como en las peliculas y series que te atrapan, estarás llegando mejor al corazón y a la mente de las personas. Recuerda: un recurso es diseñar tu historia como el guion de una película. Piensa en imágenes, como en los *tráileres* promocionales de un film, que están tan bien editados que el resultado final de esa pieza tan corta te dejará sin aliento.

Relata historias poderosas. Toda presentación encierra una historia. Muchas personas la confunden con su mensaje. En verdad, lo más interesante es *la historia detrás de la historia*. Busca ejemplificar, ser auténtico, demostrar espíritu de superación para cautivar a tu público. Es necesario que apliques técnicas: variar los tonos de voz, manejar adecuadamente el ritmo, mantener la atención del público, diseñar tu propuesta gestual, atraer con apoyo audiovisual que no opaque tu presencia, evitar su dispersión, hacerlos participar y que estén acompañándote en tu *Storytelling*. En definitiva, se trata de que aprendas a conectar emocionalmente desde adentro hacia afuera (no solo a nivel mental como es tan frecuente).

CÓMO VENDER MÁS: APRENDE A UTILIZAR EL *STORYTELLING* PARA TU MARKETING

En un mundo complejo, las herramientas de comunicación que necesitamos aplicar para conquistar un sello distintivo en el mercado son cada vez más diversas. El marketing, "disciplina tradicional que tiene como objetivo principal propulsar ventas, fidelidad y experiencias directas con los clientes", encuentra en el ***Storytelling*** un aliado ideal.

Tal como lo ha hecho desde siempre la publicidad y las relaciones públicas, el *Storytelling* es una forma de narrar tus historias acerca de lo que haces y lo que ofreces, de manera que conecten emocionalmente con el público. Así, como hemos visto anteriormente, **la recordación aumenta hasta un 55 %**, y tienes más posibilidades de que el destinatario de tus mensajes te tenga presente, no solo en ese instante de exposición, sino en el tiempo.

Un ejemplo muy frecuente: **tus publicaciones en redes sociales** para promover tu actividad. Veamos:

Son muchos los casos de personas que comunican tal como son ellos: utilizan un lenguaje que a ellos les resulta familiar y, por eso, entienden que a los demás también. Esto es un gran error: las personas no conocen lo que tú sabes acerca de algo, por lo que el primer paso es identificar ese público, conocer muy bien sus gustos, detalles, lenguaje; y luego, con esa base, ofrecerles tu producto o servicio en un estilo de comunicación familiar para ellos (no necesariamente como te gusta a ti).

> *Storytelling* es influencia. Y cuando cuentas historias con propósito, estableces identidad. Construyes cultura. Aceleras el proceso de cambio. Enriqueces la marca. Alineas a las personas con la estrategia. Atraes talento. Enganchas el mercado. Capturas conocimiento. Lideras. Creces. Conectas".
>
> **DAVID HUTCHENS**

Para construir una marca personal o profesional y de negocios poderosa, es necesario considerar al menos algunos aspectos básicos:

1. Necesita ser creíble, amigable, cercana.
2. Debe aportar soluciones a los problemas de las personas.
3. Debe ser bien definida, específica.
4. Tiene que ser útil y práctica; sencilla de entender y de adoptar.
5. A valor razonable.
6. Distinguirse de los competidores por algún aspecto en particular que la hace diferente y única.

Una marca personal es mucho más que el logotipo que te identifica; es la suma de valores construidos a través de los años de experiencia, que forman una percepción en la mente y en las emociones del cliente.

Al incorporar el *Storytelling*, se agrega un elemento muy importante: cómo haces sentir a las personas cuando te comunicas con ellos, y generas una experiencia. En el contexto de este libro, nos referimos a experiencia como todo acto de vinculación entre tu marca, tu producto y tu servicio con las demás personas en forma estratégica y práctica, tangible y concreta. Claro que tiene un componente aspiracional de lo que deseas lograr e inspirar en ellos, aunque la experiencia se basa en algo específico acerca de lo que ofreces.

Herramientas básicas de *Storytelling* para *marketing*

Al definir quién eres, qué ofreces y para qué sirve a las demás personas lo que haces para que cuenten contigo, para que compren tu producto y tus servicios, etcétera. Es decir que irás generando otro eslabón fundamental de la credibilidad: la reputación, que se construye con los años.

Las siguientes son algunas de las herramientas necesarias para conformar un *Storytelling* aplicado al *marketing* con la intención de mejorar tu venta y llegada al cliente:

Crea un relato auténtico. Este tipo de argumento es impactante ya que permite que los demás se identifiquen con tu espíritu de superación. Se produce un efecto espejo. Puede ser acerca de cómo empezaste, los problemas que superaste, etcétera.

Piensa y diseña las palabras que mejor describen tu actividad. *Storytelling* es mucho más que hablar bien o escribir un párrafo bonito: es crear una experiencia de inteligencia emocional que conecte una historia con lo que haces, y todo esto junto, con el público al que te diriges. Puedes empezar por pensar una palabra, un color, una emoción, una canción, y así sucesivamente, para asociarlas con la personalidad de tu actividad que quieres proyectar. Este punto es sumamente importante: imagina a todos los vendedores en un local hablando en términos que nada tienen que ver con el producto. ¿Qué generarían en los clientes? Recuerda que todo debe ser concordante y unificado.

Tensión dramática. El *Storytelling* necesita de puntos de aumento y disminución de la tensión del relato, para que las personas sientan que están sintonizando emocionalmente contigo, ya sea que estás contándoles tu historia frente a frente, en un video, en tu página web, en un anuncio publicitario, en el empaque de un producto o en tus redes sociales.

Autenticidad. El *Storytelling* necesita tener una base de realidad; puedes sesgarla y mostrar algunos aspectos, y dejar atrás otros. Sin embargo, en todo momento necesita ser creíble para el público. Las marcas, personas y servicios que no lo hacen se ven ficticias, y por eso tienen muchas menos probabilidades de sobrevivir. Al igual que en la vida, abre y cierra historias; no las dejes sin respuestas. O, al menos, si pones puntos suspensivos, entrega elementos a tu público para que puedan completar su experiencia.

Comenta tus logros y no los exageres. Una tendencia de la comunicación de marcas es a sobrevalorar y exagerar los atributos, para disminuir las debilidades. En el *Storytelling*, si bien vas a ensalzar algunos aspectos, es importante que esto se haga en su justa medida: los logros sobredimensionados pueden sonar ficticios y desconectarán del público.

Utiliza recursos narrativos. Las palabras crean estados emocionales, y son una herramienta fundamental. Si las combinas con, por ejemplo, una paleta de la psicología del color, imágenes poderosas e inspiradoras, aromas, sensaciones, matices, pausas, silencios, cadencias, recursos de diseño gráfico, etcétera, estarás enriqueciendo tu relato.

Si enseñas algo, mucho mejor. Las narrativas del *Storytelling* permiten que dejes una enseñanza, la conocida moraleja. Cuanto más humana sea, mucho mejor. Las personas tienden a identificarse con lo que les es familiar.

Acentúa en lo que quiere la gente. Otro recurso es que seas un observador de tendencias y estés actualizado permanentemente sobre lo que quiere tu cliente actual y futuro. La marca necesita acompañarlos; es como un viaje juntos a lo largo de tu historia, solucionando ciertos aspectos de sus vidas que ellos no saben cómo resolver, o no quieren hacerlo.

Transmite el espíritu de lo que haces. Tu actividad es un reflejo de miles de pequeñas acciones sostenidas en el tiempo; detrás hay un impulso de tu poder creativo. Ese es el espíritu de tu negocio, y es lo que las personas necesitan descubrir a través de cada instancia de *Storytelling* que hagas. Recuerda que debe ser totalmente concordante entre lo que piensas, dices, sientes y haces alrededor de la marca, producto o servicios.

Provoca emociones. Es necesario que aprendas a provocar y generar estados emocionales (no necesariamente emotivos) en las demás personas a través del *Storytelling* para transmitir lo que haces. Una forma de hacerlo es utilizar cierto tipo de palabras reflejas (las que le dan sentido en la construcción interna en el imaginario de los destinatarios del mensaje), hacer preguntas (de paso, testeas cómo se sienten y si van captando tus ideas), y generar respuestas emocionales espontáneas mientras están expuestos a tu narrativa de *marketing*. Por ejemplo, haciendo un *tour* por el asombro, la risa, la sensibilidad, motivación, inspiración, etc.

Diseña muchas formas de contar lo que haces. El *Storytelling* invita a que encuentres las submodalidades narrativas que funcionen mejor en tu caso, para que, aunque repitas una y otra vez lo mismo, siempre sea desde enfoques y matices completamente distintos.

Intencionalidad de un resultado. Recuerda que siempre hay una intencionalidad detrás de los recursos al contar tu historia. Puedes querer transmitir una idea, vender, inspirar, llamar a la acción, darte a conocer en definitiva, generar un resultado concreto. Este es el punto de partida que no hay que perder de vista, para que tu *Storytelling* sea potente, verdadero y tangible.

Sé distinto. Si lo tuyo no se diferencia, ¿por qué habrían de elegirte? Hoy los consumidores no eligen solo por el precio, ya que en su mayoría evalúan otros aspectos como la calidad, el servicio, la velocidad de entrega, la fidelidad, el cumplimiento de tus promesas profesionales y las experiencias asociadas a tu actividad. El camino es ser diferente a los demás; que haya algo que te distinga y sobresalga del resto.

No abuses del «yo». El uso de la primera persona del singular al relatar, escribir o hacer narrativas con *Storytelling* es sumamente potente para enmarcar y poner en situación a los demás. Sin embargo, su uso exagerado puede resultar contraproducente, debido a que, en el fondo, la cuestión no se trata de ti, sino de ellos: tus clientes. Utiliza el «yo» como recurso de acercamiento y para plantar hitos inspiracionales en la conexión emocional. Luego, integra a los demás, independientemente del medio/puente que estés aplicando.

Estás al servicio de tus clientes. Recuerda que no existirías sin otro que consuma lo que haces. Rasgos de humanidad, humildad y trayectoria probada son muy valorados a la hora de elegir entre competidores.

"Crear y contar historias es la más universal de las actividades humanas. Un antropólogo te explicará que la fabricación de herramientas es lo que separó al hombre del animal, pero cualquier mercadólogo o gestor de marcas te dirá que eso es un mito. Los chimpancés, se ha descubierto, usan herramientas, pero solo el ser humano usa historias para explicarse (y vender cosas) a los demás".

RYAN MATHEWS

PREPARA UN *STORYTELLING* DE IMPACTO

Existen al menos diez fórmulas que siempre funcionan, tanto para los equipos que trabajan dentro de las organizaciones como para personas como tú que buscan impactar con su oratoria, y, por ende, en sus equipos y cuando hablan en público. Incluso como estamos aprendiendo en este material, el *Storytelling* se aplica cuando escribes, en reuniones de equipo o al presentar reportes de gestión. Así que estos recursos también sirven para todo tipo de situación comunicacional.

1- Comenzar impactando. Cuando utilizamos historias que motivan a las personas y las emocionan para enfocarse en determinados objetivos. Esto significa que, cuando hacemos *Storytelling* frente a un grupo, es importante comenzar con el elemento más poderoso que tenga esa historia. Una buena estrategia es salir de lo convencional, y comenzar contando el nudo para ir desarmándolo lentamente a medida que vamos narrando una anécdota o una situación emocionalmente movilizante.

2- Usar analogías. El uso de las metáforas y de las analogías es necesario para crear un clima que facilite la comprensión del mensaje. Lo mejor es usar metáforas relacionadas a temas que todas las personas conozcan. Un recurso que puedes aplicar dentro de tus propios equipos es, por ejemplo, señalar debilidades o fortalezas por medio de situaciones graciosas: «Hay personas dentro de esta empresa que cuando se mueven de sector juegan como Messi en el Barcelona, y otros, como Messi sin piernas. Tenemos que trabajar sobre ello…».

3- Usar todos los sentidos. Las mejores historias, las que motivan al público, las que mantienen la atención enfocada y conectan emocionalmente son aquellas que se *escuchan con los cinco sentidos*. No siempre vamos a tener la posibilidad de hacer que alguien toque físicamente un objeto dentro de una historia, aunque si aprendemos a usar las palabras correctas que permitan crear imágenes mentales con la mayoría de los sentidos, incluso gusto y olfato, lograremos verdaderos climas emocionales que podemos usar para concretizar aprendizajes, lograr cambiar perspectivas o instalar nuevas ideas acerca de cómo hacer algo. Un ejemplo claro sobre esto puede ser simplemente climatizar la sala de reuniones con una temperatura agradable del aire acondicionado, y colocar flores frescas o un aromatizador de ambiente que tenga alguna relación con la historia que vamos a usar en nuestra presentación.

4- No olvidar que existe la audiencia, el público al que te diriges. Siempre que hablemos, es conveniente hacer preguntas, aunque sean retóricas. No es bueno que la audiencia solo presencie nuestras historias oyéndolas, es necesario que participen de alguna forma, por ejemplo, lanzar alguna pregunta que les permita pensar desde sus propias situaciones. Para comprender mejor este punto: si el tema es sobre cómo mejorar la comunicación con personas difíciles, entonces, podrías preguntar: «¿podrían levantar la mano aquellos que se han encontrado con personas difíciles al menos una vez en su vida?».

5- Mostrar es demostrar. Las historias emocionalmente poderosas muestran y demuestran. Por ejemplo, si estamos trabajando en un equipo necesitamos demostrar y dar la oportunidad de que las personas sientan que pueden hacerlo. Si nuestra historia trata sobre cómo fomentar la comunicación, un ejercicio simple al finalizar la reunión puede ser proponerle al equipo que elija entre tres opciones sencillas que le permitan mejorar la comunicación no verbal. Observa este otro ejemplo: con un compañero, elegir entre las opciones: darle la mano, darle un abrazo, o darle una señal de respeto japonesa inclinando la cabeza. Esta dinámica de cierre consolidará la historia y, además de ser divertida y simple, no tomará mucho tiempo. Tú mismo puedes participar.

6- Recuerda que tuviste infancia y adolescencia. Muchos de nosotros olvidamos, por razones diversas, que tenemos un gran insumo dentro de cada una de nuestras experiencias. Un buen reservorio de ellas puede ser empezar a indagar sobre los amores, las desdichas y lo pasado de nuestras propias infancias y años de adolescentes. Aquí puedes partir hablando de situaciones complejas con series de época, juguetes famosos del promedio de edad de la audiencia, estilos de moda, incluso libros. Todos los temas, aun cuando se traten de organizaciones comerciales, pueden ser elaborados a partir de anécdotas emocionalmente potentes de esas épocas de tu vida.

7- Historias que conecten sentimiento y razonamiento. Las historias *«sentipensantes»* las llamaría el escritor uruguayo Eduardo Galeano, por cierto, un gran contador de historias que te recomiendo. No hay mejor historia que aquella que nos toca el corazón, y, a la vez, nos deja pensando por meses. A veces el simple uso de frases de libros o de citas famosas puede provocar eso en la audiencia y es bueno usarlo de vez en cuando para poder conectar argumentos y emociones.

8- Aprender a observar los elementos de una buena historia. Si trabajamos con una empresa que no tiene una historia que contar como marca, lo primero que hay que hacer es empezar a crearla. La duda es ¿dónde buscar? Un buen lugar es empezar a ver anuncios de la competencia para poder encontrar qué es lo que los conecta con su público objetivo. Descubrir los elementos de su *Storytelling* como marca es una buena fuente de ideas que pueden ser mejoradas. En ese caso no se trata de copiar, sino de inspirarte para hallar tus diferenciales y convertirlos en una buena historia.

9- Se trata del tono y la cuerda emocional, más que de la historia. Entre otras cosas, la oratoria es el arte de comunicar una idea de la mejor manera. Al unirla al *Storytelling* personal, se pueden alcanzar grandes resultados porque lograrás persuadir mejor. Las historias que tocan el alma son aquellas donde puedas enfocarte en el tono más que en el contenido. Es decir, donde crees la realidad comunicativa distendidamente por medio de tus pausas, silencios y énfasis durante el relato, tu lenguaje corporal y todas las emociones y sensaciones que generes.

10- Pensar el *Storytelling* como un camino al objetivo. Las historias que narres deben tener un objetivo. Como toda estructura necesita de un muy buen comienzo, un nudo descriptivo e interesante, y un gran final. Si hablas en una reunión, trata de que quede claro que esa historia es un instrumento del que te vales para explicar una realidad o una posibilidad. Las historias que conecten necesitan despertar puntos de vistas no convencionales y, al mismo tiempo, propiciar el enfoque de equipo, de conjunto, de logros superadores. Esta conjunción de miradas es lo que la enriquece, y hace que quede grabado en el imaginario inconsciente de las personas como una marca indeleble, una experiencia que tú les hiciste vivir con tal intensidad que difícilmente la olviden.

Guía paso a paso para diseñar tu *Storytelling*

Cuando necesitas diseñar un *Storytelling* de cualquier tipo (para una conferencia, charla, anuncio público, contacto con la prensa, redactar un comunicado, piezas de comunicación interna, video, transmisión en vivo por redes sociales, etc.), esta guía puede ayudarte.

Si bien este ejemplo está pensado para una conferencia o charla, puedes adaptarlo a tu necesidad: la estructura básica es similar.

Paso 1. Selecciona tu tema y el propósito

Una vez que hayas definido acerca de qué tema comunicarás utilizando *Storytelling*, necesitas encontrar el propósito, el rumbo que le darás para que las personas puedan quedarse con el mejor y mayor impacto emocional posible, lo que aumentará la recordación de tu mensaje.

Por ejemplo, algunos propósitos generales pueden ser:
- Informar, enseñar, transmitir, comunicar
- Motivar, Liderar, Conmover
- Convencer, Persuadir
- Tomar acción sobre algo en particular
- Generar provocación
- Cuestionar, movilizar
- Llamar la atención
- Vender tu marca, producto o servicios
- Generar consultas

- Plantear objeciones
- Crear nuevas visiones acerca de tu tema

Paso 2. Preparar una primera versión en borrador

Una vez definido el tema y el propósito, toma papel y lápiz o una plantilla en el computador y escribe todas las ideas que se te ocurran, a modo de un brainstorming (tormenta de ideas). Luego, selecciona aquellas que van mejor con el tema del *Storytelling*.

Al hacer este ejercicio, quedará muy claro que hay información relevante que no debes omitir, y otra que no es necesario que la abordes. Se trata de simplificar el mensaje para despejar la mente de tus públicos; de esta forma, el mensaje llegará mejor y más claro.

Te sugiero que busques no más de tres mensajes claves (*key messages*) que deseas transmitir. Si quieres abarcar muchos temas, el público tiende a perderse en esa maraña de ideas.

Una vez definidos, estructura un modelo de cómo te gustaría hacer tu *Storytelling*: qué dirías, en qué código de comunicación (por ejemplo, si vas a usar el tú o algo más formal), y qué palabras utilizarás para fijar el mensaje en el corazón emocional de las personas; recuerda que es importante que utilices los dos hemisferios, por lo que es mejor ampliar tus ideas y hacerlas escalar para que no solamente sean para la mente del público.

Con estos elementos ya puedes crear lo que llamamos una narrativa, que es la forma concreta en que desarrollarás tu *Storytelling*, tu historia con componente emocional, experiencias propias que invitan a la sorpresa, al impacto, a la reflexión o, simplemente, a sentir que se está frente a un espejo de uno mismo mientras asistimos a ese relato (en el formato que sea).

Escribe esa lista de conceptos; si deseas, puedes darle forma como si fuese un guión, aunque no recomiendo la memorización: siempre es mejor ser espontáneo y que el público sienta tu misma emoción.

Léelo y practícalo tantas veces como sea necesario. Puedes grabarte con el móvil, o hacerlo frente a un espejo. En la repetición aprenderás a tomarle el pulso del tiempo, el ritmo, los matices y las cadencias para transmitir tu mensaje.

Revisa lo que estás ensayando y asegúrate de que el propósito fijado al comienzo esté presente en todo el *Storytelling*. Una buena medida es que incluyas los mensajes claves al menos dos o tres veces -no necesariamente con las mismas palabras o estructura gramatical- durante la presentación: esto fijará mejor las ideas.

Un recurso sumamente útil es que expreses las ideas en forma visual, auditiva y kinestésica (cuerpo, emociones); de modo de abarcar estos tres sistemas representacionales que fueron definidos por la disciplina de la P.N.L. (Programación Neuro Lingüística).

Busca ayuda en personas cercanas y, mejor aún, en quienes no saben de qué les hablarás: así podrás medir el resultado previo y hacer los ajustes que consideres oportunos.

Una técnica que siempre funciona es pensar tu *Storytelling* como una película, una serie de televisión o una novela: ármalo en escenas, y colócalas en una línea de tiempo:

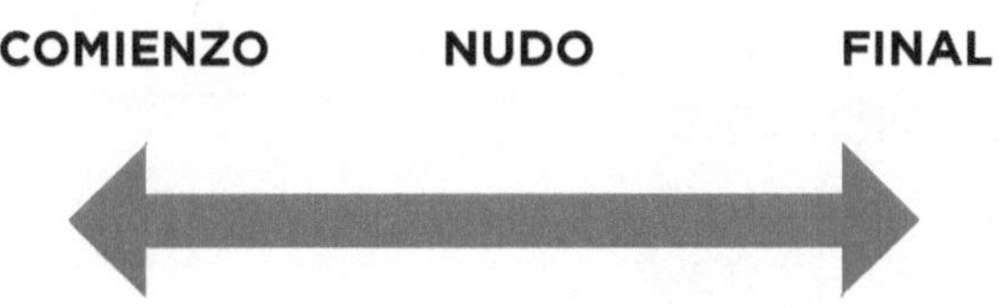

Paso 3. Buscar y seleccionar recursos digitales de apoyo, imágenes, presentaciones, música y todo lo que necesitas.

Una vez que tengas listo y pulido el contenido en borrador, busca recursos de apoyo ya sean visuales, fragmentos de videos, fotos, utilería, mapas, infografías, voces, música, etc. Selecciónalos y elige sólo los indispensables.

Paso 4. Crear el guión o armado final

Aquí se trata de reunir todos los recursos que has venido trabajando, y que los integres de una forma orgánica y sencilla de entender por tus públicos. Ya tendrás un formato específico.

A continuación, encontrarás una guía en tres pasos, como si fuesen fotogramas de una película, para que escribas tus borradores de contenido. La sugerencia es que lo hagas con palabras cortas y conceptos claves en el orden en que los irás relatando en tu *Storytelling*: esto te ayudará a recordarlos, y a hilvanar mejor el contenido:

Aquí, la guía del contenido >

BLOQUE / ESCENA 1

(COMIENZO)

Aquí van los recursos técnicos

BLOQUE / ESCENA 2

(NUDO)

BLOQUE / ESCENA 3

(CIERRE-FINAL)

Paso 5. Revisar, corregir y ensayar al menos tres veces, grabarse (si es audio o video) y recibir retroalimentación una vez más.

¡Listo!

¡Tu *Storytelling* está completo y ansioso por mostrarse ante el público!

LA IMPORTANCIA DEL VOCABULARIO EN EL *STORYTELLING*

De más está decir que el lenguaje es la base fundamental del *Storytelling*. Por eso uno de los principales inconvenientes de los oradores y voceros inexpertos es su escasez de lenguaje. Como es de imaginar, constituye una gran limitante que genera frustración por no poder encontrar las palabras justas para comunicar sus ideas en forma apropiada, y, a la vez, aumenta el miedo y el pánico escénico por el temor de quedarse en blanco o no ser lo suficientemente solvente para expresarse.

La falta de recursos de este tipo es directamente proporcional a la poca calidad de su desempeño en todo tipo de situaciones. La imagen que proyecta es pobre, no llama la atención y tampoco aporta nada positivo o valioso para el público. Sabe a poco.

"A mis doce años de edad estuve a punto de ser atropellado por una bicicleta. Un señor cura que pasaba me salvó con un grito: ¡Cuidado! El ciclista cayó a tierra. El señor cura, sin detenerse, me dijo: ¿Ya vio lo que es el poder de la palabra? Ese día lo supe. Ahora sabemos, además, que los mayas lo sabían desde los tiempos de Cristo, y con tanto rigor, que tenían un dios especial para las palabras. Nunca como hoy ha sido tan grande ese poder. La humanidad entrará en el tercer milenio bajo el imperio de las palabras".

GABRIEL GARCÍA MÁRQUEZ

En términos generales, en Hispanoamérica, una persona promedio utiliza alrededor de trescientas palabras en su *diccionario personal* cotidiano. Sin embargo, las personas con educación superior o universitaria llegan a aplicar unas quinientas (a las que se agrega la terminología técnica específica). Las que tienen estudios secundarios, alrededor de 250; solo estudios primarios, unas 180; y sin haber accedido a la educación, unas 100.

Como dato complementario, un escritor de renombre utiliza alrededor de tres mil palabras, y Cervantes, el célebre autor español, unas ocho mil.

¿Qué se puede hacer para ampliar el vocabulario?

Como decíamos en puntos anteriores, hay que entrenar para mejorar. En el caso del manejo del lenguaje podemos desarrollar ciertas actividades para ejercitarnos en este sentido. A continuación encontrarás nueve recursos prácticos para empezar ya mismo a enriquecer tu lenguaje tanto a la hora de hablar en público, como en la vida en general y también cuando escribes:

1- Leer todo tipo de textos. Principalmente libros de ficción, ensayos y grandes autores. Actualmente tenemos un acceso ilimitado a todo tipo de literatura, artículos, investigaciones, informes especiales y trabajos alrededor de cualquier tema. La sugerencia es que, a la par de acceder a tus temas preferidos o las noticias de la prensa, incorpores otro tipo de materiales complementarios para enriquecer tu expresión verbal.

Tips para practicar:

- Lee en voz alta o en voz baja, y anota en un bloc los términos que no conoces para buscarlos en el diccionario e incorporarlos en tu lenguaje.
- Ponte una meta creciente de leer de menos a más páginas cada día, por ejemplo, empezar con cinco páginas por día, y aumentar una en cada día siguiente.
- Grábate y revisa los videos para detectar muletillas y cómo podrías evitarlas.

2- Aprender el significado de nuevos términos y su origen. Cada palabra dicha tiene la fuerza de una idea, acertada o no. Es importante conocer qué significa el nuevo término que vas a sumar a tu diccionario, y averiguar su etimología, que es de dónde proviene. Esta herramienta es sumamente útil, ya que te brindará un contexto esencial para darle fuerza a tus ideas.

3- Utilizar sinónimos y antónimos. Se trata de palabras que, en el caso del sinónimo, reemplazan a la original sin alterar su significado esencial en el contexto en que la dices. El antónimo es exactamente lo opuesto. Alternar su uso al hablar en público te permitirá evitar reiterar palabras que terminan cansando a la gente. Serán de gran utilidad para hacer comparaciones y analogías (¡acabas de conocer otros dos recursos lingüísticos adicionales para utilizar!).

4- Registrar notas con términos y transformarlos en ideas. Cuando preparas tus presentaciones, anota las palabras claves de la estructura. Luego, convierte esas palabras en ideas más desarrolladas. Ideas breves que enlazarás unas con otras para darle sentido de unidad y transversalidad a lo que quieres comunicar. Recuerda incorporar cada vez más palabras nuevas en tu vocabulario.

5- Ver y asistir a conferencias de referentes y analizar de qué forma expresan sus conceptos. Esta herramienta te permitirá tomar como modelos a personas exitosas en tu ámbito, para conocer en profundidad qué herramientas aplican para transmitir sus conceptos.

6- Escribir las tres ideas claves y reescribirlas tres veces. Cada situación de hablar en público contiene varias ideas esenciales que son los cimientos de tu mensaje. Este ejercicio consiste en que escribas las tres fundamentales y que las vuelvas a escribir de maneras completamente diferentes, sin alterar el sentido de lo que quieres expresar. Así, enriquecerás la terminología que empleas para decir lo mismo.

7- Conversar con personas que tengan un buen uso del vocabulario. Conviene que estés atento a las oportunidades de charlar con gente distinta a ti; te nutrirá de esquemas de pensamiento y formas de conectar las ideas que puedes practicar para mejorar tu léxico.

8- Desarrolla la curiosidad. Este hábito es esencial para aprender a expresarse mejor, ya que te permite conectar los dos hemisferios de tu cerebro, generar un estímulo nuevo (por ejemplo, de qué forma podrías decir lo mismo utilizando palabras distintas), y, a la vez, estás incorporando nuevas experiencias: la mejor forma de aprender.

9- Pide ayuda y mejora tu oratoria, redacción y presentaciones. Entrenarse con profesionales experimentados es una excelente alternativa para que venzas el miedo a hablar en público y a sentir que eres corto de vocabulario. A su vez, puedes pedir a personas de confianza que te digan, con sus propias palabras, un párrafo que compartes con ellos: observa qué dicen, cómo lo hacen y de qué forma lo resignifican (le dan un nuevo significado) tan solo con pasarlo al diccionario que ellos dominan. Toma lo mejor de cada uno y aplícalo en tu oratoria.

Finalmente, recuerda que al hablar en público las palabras son menos del diez por ciento del total de tu acto de comunicación: lo que predomina es la comunicación no verbal (gestos) en un 55 % y el tono de voz en un 38 %. Por lo que el diseñar una propuesta gestual, matices, pausas y conexión emocional con el público, además del contenido de palabras en tus presentaciones, te hará sentir más seguro. Reitero este aspecto, ya que es crucial para el éxito de todo tipo de exposiciones.

LAS EMOCIONES EN EL *STORYTELLING*

Volvamos atrás en el tiempo. ¿Recuerdas cuando, en la infancia, alguien te contaba una historia apasionante? Se despertaba el asombro, el interés, las ganas de más, el espíritu de aventura. Exactamente eso es el *Storytelling*, el arte de contar historias y crear narrativas potentes para transmitir nuestros mensajes.

El 23 de octubre de 2001, Steve Jobs, el conocido fundador de Apple, presentó en sociedad el primer reproductor digital de música. El lema que utilizó y que quedó grabado como un gran ejemplo de *Storytelling* fue *1000 canciones en tu bolsillo*. Así comenzó la era del almacenaje de infinita cantidad de música, poder trasladarla y que esté accesible cuando quieras, donde quieras.

¿Cómo funcionan las emociones en el *Storytelling*?

Esta herramienta de comunicación inspiracional encierra el poder de narrar una buena historia que incluye elementos aspiracionales, emocionales y de experiencias que, transferidas al público, marcarán una diferencia. Así, el relatar una historia relacionada con tu marca, producto o servicio, se nutre del lenguaje sensorial estructurado en forma tal que llega mejor al público. No solo transmite conceptos a veces fríos, sino que toca las emociones y genera una mayor recordación.

Además, es importante saber que las personas van a recordar apenas un 10 % de todo lo que dijiste; aunque perdurará mucho más la forma en que los hiciste sentir: las emociones. Esto se logra estructurando la presentación de una manera especial, formulando una combinación de información racional conectada con gestos, variaciones de tono de voz, desplazamientos, y, sobre todo, despertar la fibra emocional de las personas. Así se conecta el cerebro con la parte blanda que todos tenemos.

Un ejemplo claro es cuando estás disfrutando de un conferencista que atrapa con su propuesta de ideas y todo lo que genera alrededor de su relato, y cuando escuchas una historia de vida y de superación en cualquier ámbito. De esta forma, la recordación del contenido aumenta más del doble con respecto a las vías convencionales de transmisión de contenidos, ya que la experiencia es mucho más completa que una simple declamación de contenido racional.

> **El Power Point, los números y la lógica ayudan a comprender las cosas intelectualmente. Pero una buena historia permite que la gente sienta las emociones y se apropie de las cosas".**
>
> **JOHN SADOWSKY**

Aunque es bueno emocionar, no es necesario hacer llorar

Al tocar la fibra emocional, cualquier persona está más abierta a conectar lo que dices con su propia experiencia de vida o la de alguien cercano. Allí se tiende un puente interno en el cerebro que permite que lo que dices sea más recordable frente a una exposición convencional. Conviertes en magia tus palabras, para acercarte de una manera especial al público.

Técnicamente lo que sucede cuando alguien te cuenta una excelente historia es que los cerebros se sincronizan inconscientemente si la historia atrapa y conquista.

Anteriormente he comentado cómo la publicidad, el marketing la publicidad, el *marketing*, las relaciones públicas, un buen profesor, un médico que se esmera en la atención de sus pacientes, y tú mismo con tu familia y amigos: todos utilizamos el *Storytelling*.

Llevado al mundo de las ideas y de los negocios, las herramientas de contar historias son sumamente efectivas para promover conversiones más rápidas, por eso de la conexión sensorial y emocional que se produce. Así, un cliente puede imaginarse y hasta sentir, a través de lo que le dices o le muestras, que está *viviendo* la emoción de utilizar tu producto, aun cuando está decidiendo comprarlo.

Cuidado: contar historias potentes, conectadas desde el universo emocional humano no significa tener que apelar al recurso de que las personas se pongan a llorar o pierdan su capacidad de raciocinio de tan emotivas que están. La sensibilización en extremo se convierte en manipulación emocional de las personas (y es uno de los recursos muy mal utilizado en la política, por ejemplo). Se llama sensiblería barata.

Más bien, se trata de tocar una fibra íntima de conexión a través de lo sensorial (compuesto por imágenes, palabras, sonidos, lo táctil, los aromas), con lo que necesita activarse para producir un resultado determinado.

Cómo conectar tu mensaje con las emociones

Sin necesidad de invertir recursos extraordinarios, la habilidad de conectar tu historia con el corazón de las personas es lo que hace que tu relato sea creíble.

El *Storytelling* se basa en los principios de la humanidad, y son estos los que hacen que la gente se identifique mejor con tu mensaje. Para lograrlo necesitas combinar una serie de factores, entre ellos:

- Los valores de tu marca, producto o servicio.
- Una historia, quizás trivial para ti, que despierte emoción en la gente (inclusive cuando leen).
- Los elementos que te hacen diferente al resto.
- Articular un lenguaje rico en estímulos emocionales; que haga vibrar y sentir.
- Lo positivo que las personas encontrarán en lo que ofreces o cuentas.
- La forma en que presentas la información: desde las imágenes, el tono de voz; los matices; cadencias; pausas; los

gestos y la actitud corporal; el ritmo al hablar; el énfasis, y la contundencia del contenido.

¿Qué se necesita para emocionar con tu *Storytelling*?

Para lograr un *Storytelling* de alta efectividad necesitarás:

- Despertar interés: las personas somos curiosas por naturaleza.
- Emocionar y humanizar los vínculos.
- Generar mayor conexión con los públicos.
- Pensar en términos de recordación del contenido esencial a transmitir (pregnancia de tu mensaje).
- Permitir que la gente asocie lo que transmites con experiencias personales.
- Asociar tu tema con una historia poderosa e inspiracional: un gancho, algo que sirva de disparador y puente para el contenido de valor.
- Potenciarlo con estímulos sensoriales como música, imágenes, videos, movimiento.

Para esto…
- Debes contar lo que te ha desafiado y cómo lo solucionaste.
- Asociar tu tema (lo que quieres comunicar específicamente) con una historia poderosa e inspiracional.
- Relata cómo sirve lo que estás proponiendo, en concreto, a las personas (tu público).

- Enfatiza bien tu discurso apelando a todo tipo de conexiones emocionales.
- Utiliza un vocabulario amplio y variado, basado en lo emocional y sensorial en primera instancia.
- Agrega estímulos sensoriales, como música, imágenes, videos.
- Desarrolla tu gestualidad: lo que dices se afianza con tus gestos y, sobre todo, con tu actitud al comunicar.
- Busca crear una experiencia inolvidable.
- Practica lo suficiente; ensaya, grábate y corrige tu presentación con *Storytelling*.

Recuerda que, como en toda pieza de comunicación, necesitas definir un excelente comienzo, un nudo y un final-desenlace, donde articularás todos los elementos narrativos necesarios para inspirar, emocionar, entusiasmar, motivar, y, sobre todo, despertar el interés por lo que dices y ofreces, y que la gente recuerde no solo en su mente, sino, más que nada, en su corazón.

> **El *Storytelling* busca la implicación emocional, que es la que consigue la participación plena del lector para convertirlo en momentos puntuales, según su perfil, en un productor, socio, suscriptor, fan o evangelizador".**
>
> **JOSÉ MANEL NOGUERA**

GENERAR CONFIANZA A TRAVÉS DEL *STORYTELLING*

La confianza es el atributo esencial de las relaciones interpersonales en los distintos planos. Cuando hay coherencia entre lo que piensas, dices y sientes, y tus acciones van en consecuencia, estás dando un paso importante para conquistarla.

Ahora bien, la confianza necesita de hechos concretos que la ratifiquen, además del don de gente, el valor agregado que le pones a lo que generas en los demás, y tu trayectoria sostenida en el tiempo. ¿Acaso confías de una vez en alguien totalmente desconocido que irrumpe en tu vida? Necesitas del tiempo para desarrollar el vínculo de confianza entre ambos.

Es una inversión que haces en el vínculo, que surge de la combinación de buena voluntad, intuición y evidencias. Se construye *con-fianza*, como si pagaras una fianza apostando por esa relación. ¿Por qué es una apuesta? Porque interviene el valor futuro, algo que presupongo que el otro me inspira, por lo cual confío, incluso con vistas a que, más adelante, pueda retirar la confianza depositada.

La palabra «confianza« deriva de «confiar». La raíz «fi» del verbo fiar, del latín *fidere* (confiar), y este, de *fides* (lealtad, fe y confianza).

> **L**os verdaderos storytellers saben que su credibilidad tiene mucho que ver con la confianza. Por tanto, son conscientes de que esa confianza es muy difícil de ganar y muy fácil de perder, por eso saben que hay que ser honestos con el público"
>
> **VICTOR GAY**

Condiciones para que tu *Storytelling* genere confianza

El *Storytelling* "además de una excelente técnica de presentación del mensaje" es un elemento útil para generar confianza en el público al que se dirige ese mensaje. Para ello, el *storyteller* debe poseer ciertas condiciones que al desarrollarlas y practicarlas impregnarán indefectiblemente su mensaje:

Integridad y coherencia. La integridad se compone de la consistencia de quién eres como ser humano, y, al igual que la coherencia, abarca los distintos planos de la vida. Así, alguien íntegro es una persona con valores y principios, en la que es fácilmente verificable su honestidad, honradez, lealtad, veracidad, el respeto por los demás y por sí mismo, la inteligencia emocional que demuestra, y su confiabilidad. La coherencia es el condimento esencial para ser integro, ya que define tu línea de conducta. Tu *Storytelling* debe ser honesto, íntegro y coherente.

Transmitir valores. Una persona digna de confianza transita los ámbitos de la vida sobre ciertos valores que, como los pilares de una casa, constituyen la esencia de quién es. Si se corrompen, cae esta estructura interna, y, por lo tanto, empieza a tambalear su escala de valores. El mensaje del *storyteller* debe ir cargado de valores que inspiren al receptor a compartirlos y desarrollarlos.

Identificación con el proyecto. El *storyteller* debe guiarse por la pasión. Ser entusiasta, enérgico, y liderar a partir de un estilo muy personal que los demás puedan identificar claramente, aunque a veces es difícil de definir con palabras. De esta manera, atrae a los demás y genera un marco de confianza para producir impactos positivos a través de su relato.

Comunicación asertiva. Desde esta perspectiva, debe desarrollar la habilidad de escuchar, lo que, junto con sus observaciones atinadas la mayoría de las veces, le permitirán construir instancias superadores de los problemas que puedan presentarse. Un comunicador asertivo es un buen mediador, establece parámetros para que confluyan las ideas, sabe tender puentes e invitar a los demás a que los transiten.

Empatía. Cuando se genera el marco de confianza, es fundamental la habilidad de ponerse en el lugar del otro para ver las cosas desde su perspectiva. Esto le permite al *storyteller* entender lo que sucede con una visión más amplia que la que aparecería circunscripta a su propio abanico de percepciones. Al hacerlo, su

Storytelling conecta con el receptor, y se potencia el vínculo de confianza, ya que entra más rápidamente en el mundo del otro.

Poder de convicción. Quienes inspiran confianza no desean que los demás los sigan a ciegas. Es más, provocan intercambio de opiniones, ideas y construcciones sociales que, en el tiempo, podrán ser vistas como disruptivas e innovadoras, ya que no siguen un patrón establecido. Actúan convencidos de sus valores y de su designio natural, del que es muy difícil apartarlos. De eso tiene que estar impregnado el *Storytelling*.

Crear experiencias en los demás. Como forma de darle valor a la confianza que va generando, el *storyteller* debe buscar inspirar a otros a través de sus palabras. Así, el ejemplo se vuelve un punto de referencia para otros, ya que establece nuevas formas, estándares y puntos de inflexión en la forma de crear confianza. Esta validación le representa una mejor reputación para sí, y suele convertirse en un referente en el aspecto en el que se destaca.

Así como se puede construir confianza, es factible destruirla en instantes mediante acciones corrompidas que van por el camino contrario a los siete escalones expresados anteriormente. Como se trata de desarrollar confianza, es un proceso paulatino: cualquier aspecto fuera de lo genuino y de la integridad lo afecta negativamente, e impide que se den estas condiciones básicas. Por eso es prácticamente imposible reconstruirla si se corrompe.

EPÍLOGO

Este ha sido un paseo por las orillas del *Storytelling*. En este pequeño recorrido te invité a dar un vistazo al mundo de esta técnica de comunicación que cada día es más utilizada en variados campos donde sea necesario atraer, persuadir y lograr una acción determinada de un público objetivo.

Hay mucho más por recorrer, por supuesto. Ya has dado el primer paso. Solo tienes que decidir adentrarte y profundizar en cada uno de los puntos que hemos abordado en estas páginas.

Lo primero que verás cuando decidas caminar un poco más allá de la orilla es que hay tantos tipos de *Storytelling* como ámbitos para su utilización: política, *marketing*, publicidad, presentaciones, ventas, *branding*, relaciones públicas, comunicaciones corporativas, comunicación personal y un largo etcétera que sería extenso desarrollar aquí. Cada uno de ellos. Cada uno de ellos con sus estructuras particulares en la forma de contar las cosas.

Aunque por más amplio que sea su campo de acción, la idea básica que quiero que te lleves luego de este recorrido es que el *Storytelling* implica algo más que transmitir información. El arte de contar buenas historias se basa en llevar esa información con creatividad, pasión, argumentos, y el ingrediente que hará cambiar todo: la emoción.

Espero que esta lectura sea el comienzo de un productivo camino dentro del *Storytelling*. La práctica constante, tal como el entrenamiento en tu disciplina favorita, te llevará a manejar con excelencia esta importante herramienta. Cuando eso pase serás capaz no solo de captar la atención de tu público, sino que lograrás convencer con tu mensaje y lograr el objetivo que buscabas.

Deseo que tengas muchas oportunidades de contar historias inspiradoras, potentes, y que ayuden a cambiar todas las cosas que queremos ver como realidad en el mundo.

Afectuosamente,

Daniel Colombo

Daniel Colombo es Facilitador y Máster Coach experto en CEO, alta gerencia y profesionales; comunicador profesional; Mentor de ejecutivos y empresarios; Speaker internacional; y facilitador de procesos de cambio. Media-coach de políticos y ejecutivos; experto en Oratoria moderna.

Autor de 29 libros, entre ellos "Sea su propio jefe de prensa", "Historias que hacen bien", "Preparados, listos, out" (co-autor, sobre el Síndrome del Burnout); "Abrir caminos", la colección de 6 libros y DVD "Comunicación y Ventas" con Clarín de Argentina, "Innovación Emocional" (su modelo sobre las nuevas leyes para motivar personas), "Oratoria para todos", "O elefante nao sabe", "Ámate más, vive mejor" (todos en papel y digital en Amazon), "Éxito Emprendedor" (Indie), "Cómo estar más motivado cada día" (e-book) y de la serie "Coaching Vital" compuesta por tres títulos: "El mundo es su público", "Oratoria sin miedo" y "Quiero vender" (Hojas del Sur).

Se desempeña habitualmente en 18 países, habiendo brindado más de 600 conferencias, workshops, seminarios y experiencias vivenciales, llegando al millón de personas entrenadas. En todas sus redes sociales tiene un millón de seguidores.

Conduce y guía equipos de alto rendimiento en empresas nacionales y multinacionales dentro y fuera de su país. Ha asesorado y trabajado junto a más de 2500 empresas, y dirigido su compañía de relaciones públicas durante 20 años. Escribe regularmente en más de 20 medios de diversos países.

Web: www.danielcolombo.com
https: //www.linkedin.com/in/danielcolombo/
Twitter @danielcolombopr
www.Facebook.com/DanielColomboComunidad/
Instagram: Daniel.colombo
YouTube: www.youtube.com/DanielColomboComunidad

Libro editado por

Editorial Autores de Argentina

www.ingramcontent.com/pod-product-compliance
Lightning Source LLC
Chambersburg PA
CBHW060506160726
47992CB00003B/1360